Inhalt

Das gibt es alles zu entdecken!

Das alte Rom – voller Geschichten und Abenteuer!

Sag mal ...

Oscar, 8 Jahre
»Gab es in Rom schon eine Müllabfuhr?«

»Nein, man warf seinen Müll auf die Straße oder sammelte ihn auf Müllbergen.«

Rom – ganz groß!

Keine Stadt der Antike war so prächtig wie Rom mit seinen Tempeln, Markt-plätzen und riesengroßen Sportstadien.

WAS WAR WO IN ROM?

Die antike Stadt Rom war von einer Stadtmauer (1) umgeben. Im Circus Maximus (2) fuhren die Wagenlenker wilde Rennen und im Kolosseum (3) kämpften die Gladiatoren. Auf dem Forum Romanum (4) traf man sich, um die neuesten Nachrichten auszutauschen. Das Wasser für die zahlreichen Bäder wie etwa die Trajansthermen (5) kam über große Aquädukte (6) in die Stadt.

Wie wurde Rom so groß?

Eine Stadt wird zur Weltmacht

Mit über einer Million Einwohnern war Rom die größte Stadt der Antike. Von hier aus wurde ein mächtiges Weltreich regiert. Aber wie wurde Rom so groß? Und was hielt das riesige Reich zusammen?

Vom Dorf zur Weltmacht

Rom war ein kleines Dorf in Mittelitalien. Aber seine Bewohner hatten viel vor. In 300 Jahren eroberten sie sämtliche Nachbarorte und besiegten das Volk der Etrusker. Dann erstürmten sie ganz Italien, die Länder rund ums Mittelmeer und sogar Gebiete nördlich der Alpen. Im Jahr 117 nach Christus erstreckte sich das Imperium Romanum von Britannien bis nach Nordafrika und von Spanien bis nach Kleinasien.

Königtum, Republik, Kaisertum

Zunächst herrschten Könige in der Hauptstadt. Nach deren Vertreibung wurde Rom eine Republik: Nun regierte das Volk, vertreten durch den Senat. Etwa 500 Jahre später führten politische Machtkämpfe zum Bürgerkrieg. In den Wirren setzte sich Octavian durch. Unter dem Namen Augustus wurde er zum ersten Kaiser gekrönt. Fortan war Rom eine Monarchie.

KAISER AUGUSTUS
Respekt vor dem Kaiser war die höchste Bürgerpflicht. Zum Glück wusste man dank der Geldmünzen und Statuen, wie der Kaiser aussah.

STOLZE ERINNERUNG AN DIE ANTIKE REPUBLIK
Auf den Kanaldeckeln von Rom steht SPQR, Abkürzung für Senatus Populusque Romanus, Senat und Volk von Rom.

ROM HEUTE
Das ehemalige Zentrum des antiken Weltreichs ist heute die Hauptstadt Italiens.

Pst, geheim!

Das römische Erfolgsrezept

- Klare Ziele, gute Planung, ein starker Wille, große Ausdauer – und Anpassungsfähigkeit
- Gut ausgebildete und ordentlich ausgerüstete Soldaten
- Gegner zu Verbündeten machen
- Latein als gemeinsame Sprache im bunten Völkergemisch
- Religion, gemeinsame Rituale und Feste stärken den Zusammenhalt.
- Respekt vor anderen Kulturen; gute Ideen übernehmen
- Den Unterworfenen etwas bieten, damit sie gerne dazugehören
- Gute Verkehrsverbindungen und ein großes Straßennetz

117 NACH CHRISTUS
Unter Kaiser Trajan erreichte das römische Reich seine größte Ausdehnung.

Rom im Laufe der Zeit

Wann passierte was?

Von seiner legendären Gründung im Jahr 753 vor Christus bis zu seinem Ende im Jahr 476 nach Christus bestand das antike römische Reich über 1300 Jahre lang. Länger als jedes andere Weltreich! Keine Kultur hat die Geschichte Europas so nachhaltig geprägt.

Wer gründete Rom?

Der Sage nach waren das die Zwillinge Romulus und Remus, die bei einer Wölfin aufwuchsen. Ziemlich sicher ist: Am Anfang herrschten Könige über die Stadt.

753 v. Chr.

27 v. Chr.

10 v. Chr.

Circus Maximus

Unter Kaiser Augustus wird das riesige Stadion für Wagenrennen ausgebaut. Schon im 6. Jahrhundert vor Christus gab es hier eine Pferderennbahn.

Wer war der erste Kaiser?

Augustus. Er konnte sich in den Wirren eines Bürgerkrieges durchsetzen. Aus der Republik wird ein Kaiserreich.

64 n. Chr.

Rom brennt!

Zur Regierungszeit Kaiser Neros kommt es zum großen Brand von Rom.

79 n. Chr.

Tod unter dem Vulkan

Der Vesuv bricht aus und begräbt die römischen Städte Pompeji und Herculaneum unter Asche und Lava.

509 v. Chr.

Rom wird Republik!
Die Könige werden vertrieben, nun herrscht das Volk, vertreten durch den Senat.

312 v. Chr.

Wasser für alle!
Das erste Aquädukt wird gebaut: eine gigantische Fernleitung für frisches Wasser.

58–49 v. Chr.

Gallischer Krieg
Gaius Julius Cäsar besiegt die Kelten im heutigen Frankreich. Dann ergreift er die Macht in Rom.

264–146 v. Chr.

Drei Punische Kriege
Nach dem Sieg über die nordafrikanische Handelsmacht Karthago beherrscht Rom alle Länder um das Mittelmeer.

80 n. Chr.

Ort für Spektakel
Das Kolosseum in Rom wird eröffnet. Ganze 100 Tage lang finden Veranstaltungen statt.

etwa ab 100 n. Chr.

Rom in Germanien
Die Germanenkriege enden nicht gut für die Römer. Daher errichten sie zwischen Rhein und Donau den Limes. Dieser Grenzzaun soll das römische Reich vor den Germanen schützen.

476 n. Chr.

Wer war der letzte Kaiser?
Romulus Augustulus. Nach ihm regierte in Italien ein Germane, der Odoaker hieß.

Leben in Rom

Alltag in der Megastadt

ROM ZU SEINER GLANZZEIT
300 n. Chr.

305 Straßen

1750 000 Einwohner

44 300 Mietshäuser

263 Bäckereien

1 217 Brunnen

194 Tempel und Altäre

951 Bäder

144 Latrinen

24 Stadien und Theater

Lärm, Gestank, drohende Brände und sogar Einsturzgefahr gehörten zum Alltag in Rom. Viele Menschen lebten in *insulae*, mehrstöckigen Mietshäusern, die dicht aneinandergebaut waren. Ihre Wohnungen waren eng, dunkel und schlecht belüftet. Je höher man wohnte, desto schäbiger. Fenster? Heizung? Gab's nicht!

Trubel auf der Straße

Im Erdgeschoss der *insulae* waren Läden, Werkstätten und Imbissbuden mit günstigem Essen, genannt Garküchen, untergebracht. Das kommt dir irgendwie bekannt vor, oder? Meist aß man hier oder auf der Straße. Auch sonst hielten die Menschen sich vorwiegend draußen auf. In den engen Gassen wurde verkauft und geredet, gearbeitet und gespielt. Unruhen, Schlägereien und Diebstähle waren an der Tagesordnung.

Fließend Wasser

Zumindest im Erdgeschoss gab es Wasserleitungen. Die Mieter weiter oben mussten ihr Wasser am Brunnen holen. Immerhin gab es überall öffentliche Brunnen. Zum Baden ging man ins Badehaus. Und Toiletten? Fand man auf der Straße. Durch unterirdische Abwasserkanäle, vor allem die Cloaca Maxima, wurde das Schmutzwasser weggespült.

Zimmer mit Ausblick
In den oberen Stockwerken waren Wohnungen. Manche hatten sogar einen Balkon.

Gassen, Straßen und Wege
Wagen fuhren auf breiteren Wegen oder auf einer Straße, genannt *via*.

Gut versorgt

In Rom gab es für alle Menschen genug zu essen. Ärmere Familien erhielten kostenlos Getreide und Olivenöl. Überall gab es Bäcker, Brunnen und Bäder. Es fanden religiöse Feste und politische Versammlungen statt. Für Sicherheit sorgten Polizei, Feuerwehr und Nachtwächter, sogenannte *vigiles*.

Nicht ganz gesund

Nicht so gut stand es um Gesundheit und Hygiene. Kinder starben oft an Durchfall oder Fieber-Erkrankungen. Viele von ihnen wurden nicht einmal ein Jahr alt! Auch Erwachsene fielen der schlechten Hygiene häufig zum Opfer.

Warum lohnte es sich, in Rom zu wohnen?

- ✓ ***Frischwasser***
  Dank der Aquädukte gab es sauberes Wasser für alle.
- ✓ ***Öffentliche Gebäude***
  Für alle zugänglich waren Markthallen, Tempel, Getreidespeicher, Hafenanlagen, Theater, Zirkus und Badeanstalten.
- ✓ ***Erholung***
  Rom bot über 40 Parks und Gärten.
- ✓ ***Verkehrsberuhigung***
  Ein Fahrverbot tagsüber sollte Verkehrschaos vermeiden. – Na ja, nachts war es umso lauter ...
- ✓ ***Feuerwehr***
  Jedes Viertel hatte seine eigene Feuerwehrtruppe.

Graffiti
Vollgekritzelte Wände? Ob Werbung oder Beschimpfungen – das gab es tatsächlich schon im alten Rom.

Brunnen
Zum Waschen, Kochen und Trinken: An den vielen Brunnen konnte sich jeder frisches Wasser holen.

Zentrum des Zentrums

Hier traf sich die Republik

Wo du heute nur noch Ruinen und Kirchen siehst, befand sich einst das Forum Romanum: ein großer Versammlungsplatz, der von prächtigen Gebäuden umgeben war. Gut 500 Jahre lang wurde von hier aus das Weltreich Rom regiert, denn hier traf sich der Senat. Bevor die Kaiser regierten, fielen alle wichtigen Entscheidungen auf dem Forum.

Herzstück der Republik

Auf dem Forum war immer was los. Hier erfuhr man, was in Rom so passierte. Wie in den heutigen Nachrichten wurden dort Wahltermine und Gesetze verkündet oder sie waren auf Tafeln angeschrieben. Die Bürger Roms trafen sich, um Reden zu halten, zu diskutieren und zu wählen. Auf dem Markt und in den Läden konnten sie einkaufen. In den Gerichtshallen wurde Recht gesprochen, in den Tempeln opferten die Römer ihren Göttern.

Vom Bürger- zum Kaiserforum

Unter den Kaisern wurde Rom immer prächtiger ausgebaut. Neben dem Forum Romanum entstanden die fünf Kaiserforen: etwa das Cäsarforum, das Augustusforum oder das Trajansforum. Als politische Versammlungsorte für die römischen Bürger waren die Kaiserforen nicht gedacht. Sie dienten vor allem der Verherrlichung eines Herrschers, der allein das Sagen hatte.

Super Fakten

1 ***Wertvoller Schatz***
Im Saturntempel wurde der **Staatsschatz** aufbewahrt. Er bestand aus Bronze- und Silbermünzen, wichtigen Urkunden und Gesetzen.

2 ***Das ewige Feuer***
Im Vesta-Tempel bewachten junge Frauen das heilige Feuer der Stadt: **Tag und Nacht!**

3 ***Große Bögen***
Zwei Triumphbögen sind bis heute auf dem Forum zu sehen. Der Titus-Bogen ist etwa **14 Meter** hoch. Der Septimius-Severus-Bogen sogar mehr als **20 Meter**.

4 ***Mitten drin***
Das Forum Romanum lag zwischen **zwei wichtigen Hügeln** – und direkt neben dem später erbauten Kolosseum. Also superzentral!

AHA

Was ist eine Republik?

Das Wort Republik bedeutet öffentliche Angelegenheit, Sache des Volkes oder einfach Staat. Die römische Republik war keine Demokratie im heutigen Sinn. Wählen durften nur männliche römische Bürger. Frauen, Fremde und Sklaven waren ausgeschlossen.

Prunk und Protz

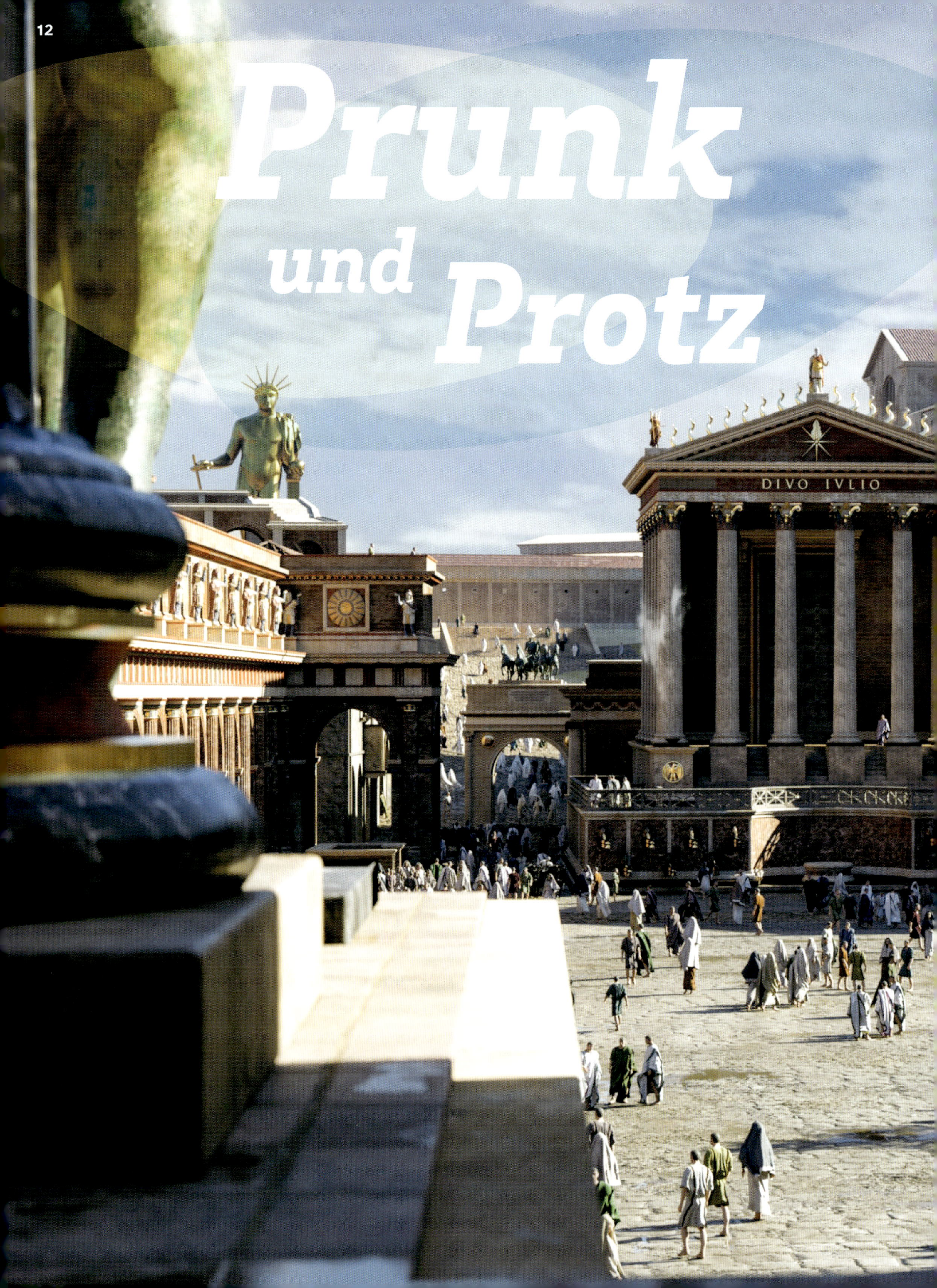

EIN PLATZ ZUM ANGEBEN
Gaius Julius Cäsar ließ das erste der fünf Kaiserforen bauen: das Cäsarforum. Wer den Platz durch eines der Tore betrat und durch die Säulengänge ging, sollte von der Pracht beeindruckt sein. Der große Tempel rechts war Cäsars Familiengöttin geweiht. Davor ließ er sich selbst ein großes Reiterstandbild errichten.

Die Kaiserforen glänzten mit ihren Tempeln, reichen Palästen und Säulenhallen.

Wer war Cäsar?

Mit Gaius Julius Cäsar endete die Republik. Zuerst feierte der geschickte Feldherr Siege über die Gallier, Helvetier, Germanen und Briten. Dann erklärte er sich in Rom zum Diktator, also zum Alleinherrscher. Wenig später wurde Cäsar ermordet.

ALLESKÖNNER
Cäsar war ein brillanter Redner, Schriftsteller und Feldherr. Er verbesserte Gesetze und den Kalender und hatte eine Liebesbeziehung mit der ägyptischen Königin Kleopatra. Bis heute erinnern Statuen wie diese an Cäsar.

Römische Stars

Drei römische VIPs, die du kennen solltest

Die römischen Kaiser waren besondere Menschen mit starken Persönlichkeiten. Mit ihren Ideen und Visionen machten sie Rom groß – und erwarteten dafür die Verehrung der römischen Einwohnerinnen und Einwohner.

KUNSTFREUND
Nero hatte einen gigantischen Palast, die Domus Aurea. Davor stand eine kolossale Nero-Statue. An dieser Stelle wurde später das Kolosseum errichtet.

Der erste Kaiser Roms

Oktavian war von der Ermordung seines Stiefvaters Gaius Julius Cäsar schockiert. Er ließ die Verräter beseitigen und sorgte für Ruhe und Sicherheit. Dafür wollte Oktavian dann aber die alleinige Macht haben. Der Senat war einverstanden und verlieh ihm den Ehrentitel Augustus – der Erhabene. König oder Kaiser wollte Augustus sich nicht nennen, lieber erster Bürger des Staates. Er lebte bescheiden, war aber ehrgeizig und brachte Rom voran.

Ein selbstverliebter Kaiser

Nero kam jung an die Macht. Er interessierte sich für Dichtung, Musik, Schauspiel und Wagenrennen und machte überall selbst mit. Das Volk mochte ihn wegen seiner Zirkusspiele und Essensspenden. Er war aber rechthaberisch, aufbrausend und grausam. Seine Mutter und seine Ehefrau ließ er ermorden, die Christen ließ er verfolgen. Lange hielt man Nero für den Verantwortlichen des schlimmen Rom-Brands im Jahr 64 nach Christus. Heute gilt das als üble Nachrede seiner Gegner.

FRIEDENSKAISER?
Augustus wollte beliebt sein und sorgte für Frieden in der Stadt Rom. Gleichzeitig ließ er anderswo Eroberungskriege führen.

Wer lebte in Rom?

Menschen und Gesellschaft der Kaiserzeit

Die Römer unterteilten ihre Einwohner in Bürger, Fremde, Freigelassene und Sklaven. Wer man war, hing vom Geld ab: Grundlage der Gesellschaft war das Vermögen der Bürger. Alle fünf Jahre wurde es von den Zensoren kontrolliert. Ein sozialer Aufstieg war fast immer möglich.

Sag mal …

Marlene, 10 Jahre
»Stapften auch Kaiser und Senatoren zu Fuß durch die Stadt?«

»Aber nein! Vornehme Leute wurden in einer Sänfte getragen. Reiten und das Fahren mit einem Wagen waren dagegen nicht üblich.«

Lernen fürs Leben?

Viele Kinder lernten ab ihrem siebten Lebensjahr Lesen, Schreiben und Rechnen. Unterrichtet wurde im Freien, in einfachen Räumen oder zu Hause. Die Lehrer waren Sklaven oder Freigelassene. Mädchen wurden früh auf ihre Rolle als Ehefrau und Mutter vorbereitet. Jungs begannen oft mit zwölf Jahren zu arbeiten. Nur die Söhne vornehmer Familien studierten nach der Grundschule die griechische Grammatik.

Frauenrechte? Luft nach oben …

Der Vater durfte ein neugeborenes Mädchen ablehnen! Wenn er es in die Familie aufnahm, war er alleiniger Vormund der Tochter. Er bestimmte ihren zukünftigen Ehemann; oft mussten Mädchen schon mit zwölf Jahren heiraten. Danach war der Ehemann ihr Vormund. Immerhin durften Frauen sich scheiden lassen. Und wenn sie mehr als drei Kinder hatten, bestimmten sie selbst über ihr Geld. Manche Frauen übten sogar einen Beruf aus.

Mein Tag (Livia, 8 Jahre)

1 *Kurz vor Sonnenaufgang*
Zeit aufzustehen. Zum Frühstück gibt es einen Brotfladen mit Käse.

2 *Bei Sonnenaufgang*
Meine Brüder und ich gehen zur Schule. Dort lernen wir Lesen, Schreiben und Rechnen.

3 *Nachmittags*
Nach dem Mittagessen gehe ich mit meiner Mutter in die Therme. Ich liebe das warme Wasser und das duftende Öl!

4 *Abends*
Zum Abendessen gibt es Spiegeleier, natürlich mit Garum! Diese suuuperleckere Fischsoße könnte ich zu allem essen.

5 *Nach Sonnenuntergang*
Gähn! Es wird dunkel: Ab ins Bett!

DIE RÖMISCHE GESELLSCHAFT

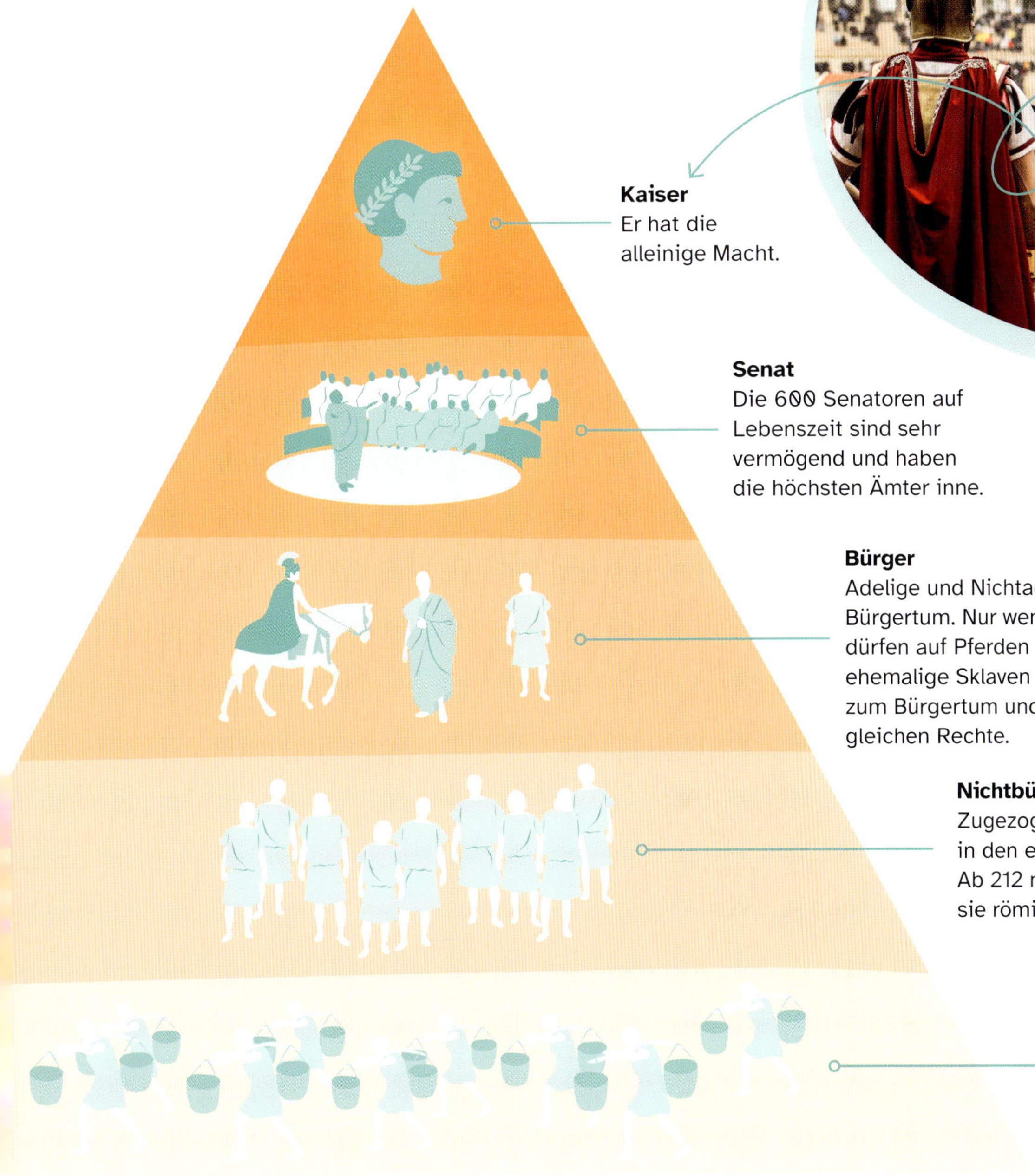

Kaiser
Er hat die alleinige Macht.

Senat
Die 600 Senatoren auf Lebenszeit sind sehr vermögend und haben die höchsten Ämter inne.

Bürger
Adelige und Nichtadelige bilden das Bürgertum. Nur wenige Superreiche dürfen auf Pferden reiten. Auch ehemalige Sklaven zählen zum Bürgertum und haben die gleichen Rechte.

Nichtbürger
Zugezogene und Menschen in den eroberten Gebieten. Ab 212 nach Christus können sie römische Bürger werden.

Sklaven
Sie gelten als Eigentum ihrer Herren und haben keinerlei Rechte.

Welche Berufe gab es?

Viele Berufe der Römerzeit wie Bäcker oder Gemüsehändlerin gibt es bis heute. Manche Frauen betrieben mit ihren Männern eine Töpferei oder Metzgerei. Oder sie erledigten die Buchführung. Hoch angesehen waren die Vestalinnen, Priesterinnen – auch das war ein Job. Sie sorgten im Tempel der Göttin Vesta dafür, dass das heilige Herdfeuer Roms niemals ausging.

Sklavinnen und Sklaven

Fester Bestandteil der römischen Bevölkerung waren die Unfreien: Kriegsgefangene, Verurteilte oder selbst Kinder von Sklaven. Viele von ihnen schufteten in Steinbrüchen, Bergwerken und in der Landwirtschaft. Besser hatten es meist Sklaven in städtischen Haushalten. Manchmal wurden sie freigelassen. Oft blieben sie im Haus wohnen und wurden zu Familienmitgliedern. Freigelassene konnten als Verwalter arbeiten und auch in der Politik aktiv werden.

Buntes Zuhause

So wohnten reiche Familien

Wenn du heute ein Haus aus dem alten Rom siehst, dann sind das nur weiße oder graue Steine. Aber stell dir vor: Eine *domus* war ein großes und prächtiges Haus mit einem oder zwei Stockwerken. Hier gab es viel Platz, luftige Gärten – und bunte Wände!

Wie sah so ein Haus aus?

Es gab knallbunte Wandmalereien in Rot, Gelb, Grün und Blau. Der Mittelpunkt des Hauses war der große Innenhof, das *atrium*. Das Dach war hier offen und so zog immer ein bisschen frische Luft durch die Räume. Sehr angenehm in der Hitze Roms! Das prachtvolle *peristyl* (gesprochen: peristül) war ein kleiner Garten, der von Säulen umgeben war. So ließ es sich gut leben!

Wer wohnte hier?

Ein solches Haus bot Platz für viele Menschen. Hier wohnte die Familie mit dem Vater, der Mutter und den Kindern, außerdem die Sklaven und Sklavinnen. Der Chef der Familie war der Vater, genannt Patron. Er bestimmte über alle, die im Haushalt lebten. Zur Familie gehörten auch die sogenannten Klienten. Diese Männer erhofften sich die Unterstützung des Patrons. Jeden Morgen kamen sie ins Haus und begleiteten den Patron zu Amtsgängen oder aufs Forum.

Atrium
Das *atrium* war der Treffpunkt der Familie. Hier gab es meistens einen Brunnen oder ein Wasserbecken.

Besprechungsraum
Bitte nicht stören! Jeden Morgen führte der Hausherr hier wichtige Gespräche, etwa mit Geschäftspartnern.

Vorratskammer
In Gefäßen aus Ton blieben Öl, Wein, Fischsoße und Trockenfrüchte lange frisch.

Guten Appetit!

1 Vor dem Essen wurden Hände und Füße gewaschen, die Hände auch zwischendurch.

2 Gegessen wurde nicht im Sitzen, sondern auf Speiseliegen. Bis zu drei Personen hatten auf einer Liege Platz. In der Mitte stand der Tisch.

3 Das Geschirr bestand aus Silber- und Tongefäßen sowie Gläsern. Die Speisen waren mundgerecht vorgeschnitten. Zum Essen nahm man die Hände oder einen Löffel. Messer und Gabel benutzte man nicht, aber Servietten.

4 Nach dem Abendessen gab es oft ein Trinkgelage. Wichtig war das Dankesopfer für die Hausgötter, Laren genannt.

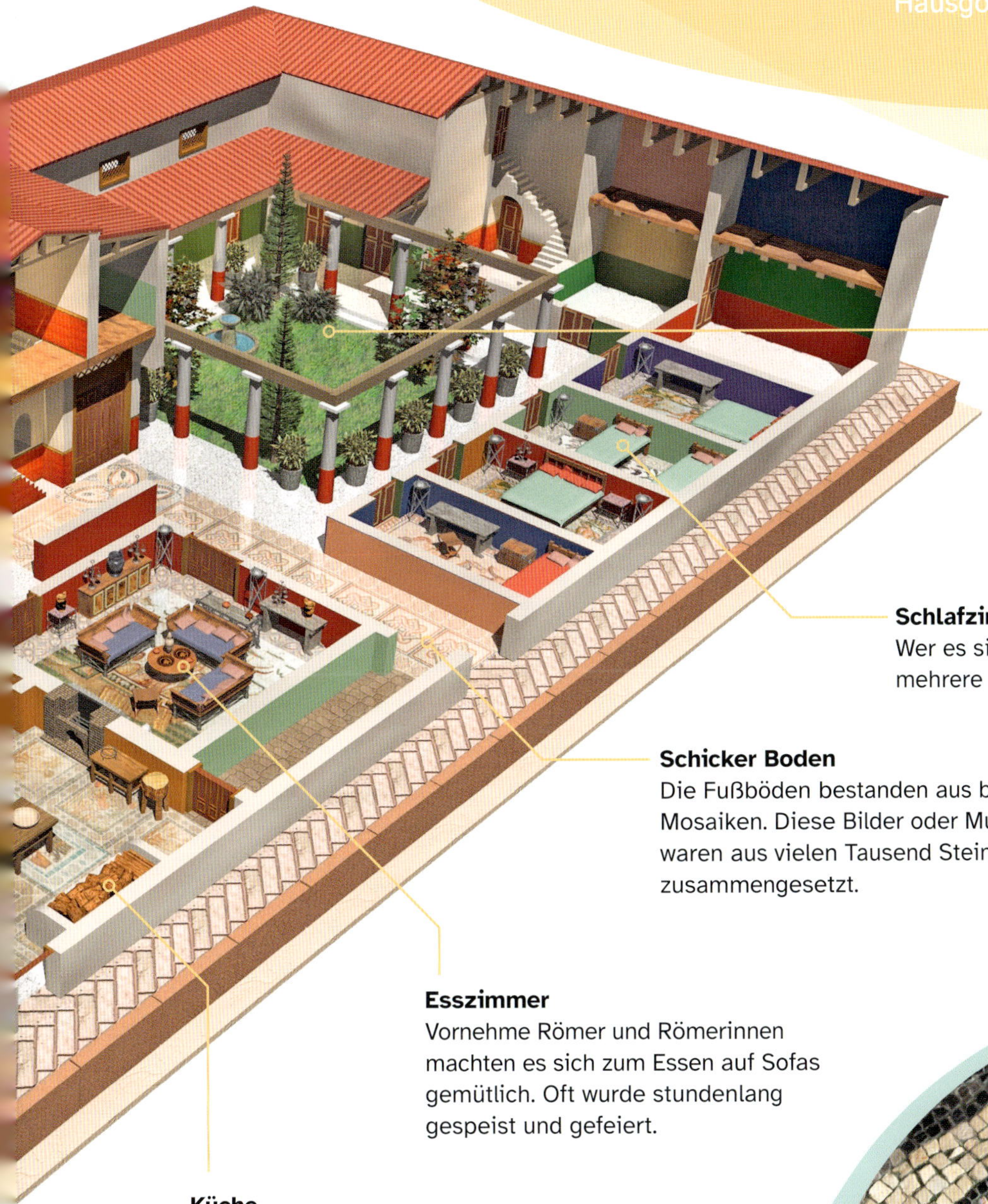

Peristyl
Lust auf einen kleinen Spaziergang im Garten? Im schattigen Säulengang war es angenehm frisch.

Schlafzimmer
Wer es sich leisten konnte, hatte mehrere Schlafräume und Kinderzimmer.

Schicker Boden
Die Fußböden bestanden aus bunten Mosaiken. Diese Bilder oder Muster waren aus vielen Tausend Steinchen zusammengesetzt.

Esszimmer
Vornehme Römer und Römerinnen machten es sich zum Essen auf Sofas gemütlich. Oft wurde stundenlang gespeist und gefeiert.

Küche
In der Küche schufteten die Sklavinnen und Sklaven. Es wurde über offenem Feuer gekocht und gebraten.

Bitte sauber halten!

Ein Stock mit Schwamm, Xylospongium genannt, diente vermutlich als Klobürste zum Reinigen der Toilette. Zum Po-Abwischen benutzten die Römer und Römerinnen wohl eher Lumpen.

AHA

In Rom auf dem Klo

Immer was los!

Dicht nebeneinander und bunt gemischt saß man auf öffentlichen Toiletten. Es wurde geredet und auch vorgelesen. In der Hafenstadt Ostia sind 20 Marmorsitze nebeneinander angeordnet. Unter der Sitzöffnung spülte fließendes Wasser gleich alles weg. Eine Rinne vor den Füßen brachte frisches Wasser zum Händewaschen. Praktisch!

Wo ist das Klo?

In den großen Mietshäusern gab es nur selten Toiletten. Wer mal musste, nahm einen Nachttopf oder suchte eine öffentliche Toilette auf, genannt Latrine. Die waren überall in der Stadt verteilt. Frauen, Männer und Kinder nutzten übrigens dieselben Toiletten. Die langen Gewänder schützten vor den Blicken anderer.

Was ist die Cloaca Maxima?

Rom hatte unterirdische Abwasserkanäle, durch die viel Schmutz weggespült wurde. Sie trafen sich in dem großen Kanal der Cloaca Maxima. Von hier aus gelangte das Abwasser in den Fluss Tiber. Aber längst nicht alle Latrinen waren an die Kanalisation angeschlossen. Oft floss ihr Abwasser in Gruben, die dann ab und zu geleert werden mussten. Sehr unangenehm! Und wo wurde der stinkende Inhalt entsorgt? Vermutlich auf den Feldern vor der Stadt.

WERTVOLLES PIPI

Für das kleine Geschäft der Männer waren an den Straßen Tonkrüge aufgestellt. Den darin gesammelten Urin nutzten die Tuchwalker zur Wäschereinigung. Kaiser Vespasian erhob darauf eine Urinsteuer und kommentierte sie mit diesen Worten:

»pecunia non olet« = Geld stinkt nicht!

Kaiser Vespasian

RIESIGE ARENA
Mit 188 Metern Länge und einer Höhe von 54 Metern ist das Kolosseum das größte Amphitheater der Welt. Hier kämpften die Gladiatoren gegeneinander. Bis zu 55 000 Menschen konnten ihnen dabei zusehen. Über 80 Eingänge und viele Treppen kamen die Zuschauer schnell zu ihren Plätzen. Unter dem Kolosseum befanden sich Gänge, Räume und sogar Aufzüge.

Kampf im Kolosseum

Im bekanntesten Bauwerk Roms fanden grausame Spektakel statt. Hier ging es um Leben und Tod. Und alle schauten begeistert zu.

Helden der Arena

Bereit für den Kampf!

Erfolgreiche Gladiatoren konnten Ruhm und Ehre erlangen. Sie fürchteten weder Schmerz noch Leid und blickten dem Tod mutig ins Auge. Dennoch schaute man auf die Gladiatoren herab. Denn sie waren meist Kriegsgefangene, Sklaven oder verurteilte Verbrecher.

Wie übten die Gladiatoren?

Das Training der Gladiatoren war sehr hart. Oft waren sie sogar besser ausgebildet als die römischen Soldaten. Es gab Trainingsprogramme, Gladiatoren-Kasernen und spezialisierte Ausbilder, die sich nur um die Gladiatoren kümmerten. Selten wurde jemand freiwillig Gladiator. Und noch seltener wissen wir von Gladiatorinnen.

Grausam, aber beliebt

Gladiatoren-Kämpfe waren eine ganz und gar römische Erfindung. Keine andere Kultur der Antike hatte Gladiatoren und Arenen. Dass bei den Kämpfen viel Blut floss, störte wohl niemanden. Alle hofften, dass ihr Lieblings-Gladiator gewann. Manche Kämpfer wurden zu richtigen Stars. Wenn ein Gladiator drei Jahre lang erfolgreich gekämpft hatte, kam er frei.

Gab es Regeln?

Ein Gladiatoren-Kampf war kein planloses Gemetzel. Es gab verschiedene Gladiatoren-Typen, klare Regeln für ihre Ausrüstung und die Kampftechnik – und Schiedsrichter, die auf deren Einhaltung achteten. Nur bestimmte Gladiatoren-Typen durften gegeneinander kämpfen, zum Beispiel Retiarius mit Dreizack, Netz und Kurzschwert gegen Secutor mit Kurzschwert und großem Rechteckschild.

Wie sah es im Kolosseum aus?

In der Mitte der Arena war der Kampfplatz. Er hatte einen Holzboden, der mit einer dicken Sandschicht bedeckt war. Die Zuschauer saßen auf Sitzstufen, die in vier Stockwerken angeordnet waren. Wer wo saß, war streng geregelt: Kaiser und Senatoren ganz unten, dann folgten die männlichen Bürger. Ganz oben gab es Stehplätze für Frauen und Sklaven.

Helm
Jeder Gladiatoren-Typ trug einen anderen Helm – manche hatten auch gar keinen. Dieser Helm eines Thraex stammt aus Pompeji.

UNTERHOSE?
Untenrum trugen Gladiatoren ein großes drei-eckiges Tuch. Es wurde geschickt gebunden und durch einen Gürtel gehalten.

Dreizack
Der Dreizack des Netz-kämpfers Retiarius war eine gefürchtete Waffe.

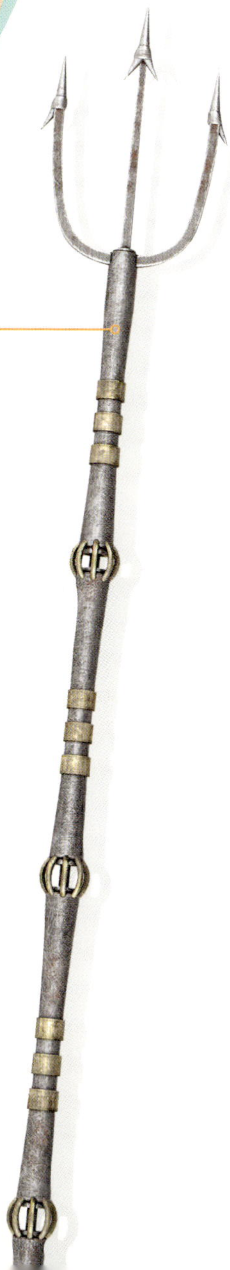

Kurzschwert
Der *gladius* mit seiner spitzen, geraden Klinge war die wichtigste Angriffswaffe der Gladiatoren.

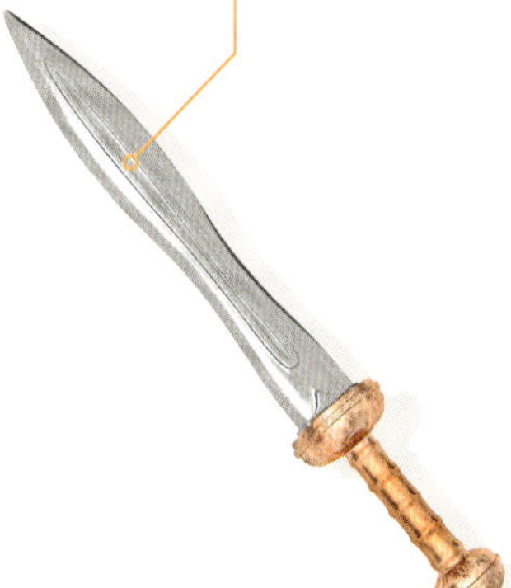

Schild
Es gab runde, ovale, quadratische und rechteckige Schilde.

Riesige Rennbahn

Über 600 Meter lang und 140 Meter breit war der Circus Maximus in Rom, doppelt so lang wie das Berliner Olympiastadion! Die Zuschauerplätze waren in U-Form und aufsteigenden Sitzreihen angeordnet. Schließlich sollten alle gut sehen können.

Immer schneller!

Wagenrennen im Circus Maximus

Sei dabei, wenn sich die besten Wagenlenker Roms gleich ein rasantes Wettrennen liefern! Wer wird wohl gewinnen? Auf wen tippst du?

Auf die Plätze, fertig, …

Wir befinden uns mitten in Rom im berühmten Circus Maximus. Etwa 250 000 Menschen wollen hier und heute mit ihren Helden mitfiebern. Manch einer wird wohl auf sein Team gewettet haben, es geht also auch um bares Geld!

… los!

Da hebt der Kaiser seinen Arm und lässt ein Tuch fallen. Das Zeichen für den Start! Schon schießen die acht Gespanne aus den Startboxen. Welch prächtige Pferde die Wagen ziehen! Jetzt wird es spannend! In den kommenden Minuten ist so ziemlich alles erlaubt.

Atemberaubend schnell

Mit etwa 35 Kilometern pro Stunde rasen die Pferde an den Zuschauern vorbei. Aber dann wieder dieses harte Abbremsen in der sehr engen Kurve am Ende der Bahn … Das wird knapp! Oh nein, Communis fliegt aus der Kurve! Da war er wohl leider nicht geschickt genug. Vielleicht ein Lenkfehler?

Riskante Manöver

Puh, Diocles fährt im waghalsigen Zickzack! Und schau: Scorpus versucht, einen Gegner abzudrängen. Absolut rücksichtslos! Aber so ist das nun mal. Jetzt geht es auf die Zielgerade … und Scorpus fährt als Erster durchs Ziel. Wie unfair! Aber seine Fans jubeln begeistert. Der eitle Angeber dreht jetzt noch ein paar triumphierende Runden, bevor ihm der Kaiser seine Siegespalme überreicht. Und sicher noch einen Sack Gold.

Super* Fakten

1. **Immer weiter**
Die Wagenrennen dauerten manchmal den ganzen Tag. An einem einzigen Tag konnten bis zu **24 Rennen** stattfinden.

2. **Runde für Runde**
Die Gespanne mussten **sieben Runden** fahren. Um die Runden zu zählen, wurden an einem Gestell große Eier oder Delfinfiguren verschoben.

3. **Letzte Rettung**
Jeder Wagenlenker trug ein **Messer am Gürtel**. So konnte er sich im Notfall schnell von den Zügeln befreien.

Zum Jupiter!

Götter, Mythen und Rituale

Davon waren in Rom alle Menschen fest überzeugt: Ihre Macht und ihren Wohlstand verdankten sie den Göttern und Göttinnen! Deshalb galt es als heilige Pflicht, die Gottheiten stets zu ehren. Religiöse Orte fanden sich überall in der Stadt, im ganzen Reich und auch in den einzelnen Häusern.

RÖMISCHE GOTTHEITEN

Jupiter
Oberster Gott

Juno
Göttin der Ehe, Geburt und Familie

Minerva
Göttin der Weisheit

Venus
Göttin der Liebe und Schönheit

Mars
Gott des Krieges

Welcher Gott passt?

Ob man um Hilfe bei einer Gefahr bitten wollte oder um die Heilung einer Krankheit, ob man auf einen guten Feldzug oder einfach nur auf gutes Wetter hoffte: Für alle Bitten und Sorgen und für beinahe jede Situation im Leben gab es die passende Gottheit. Praktisch, oder? Und es kamen ständig neue dazu. Denn mit jeder Eroberung lernten die Römer neue Gottheiten kennen: griechische, nordafrikanische oder orientalische, die sie gerne in ihre Götterwelt aufnahmen.

Ein Fest für die Götter!

Religiöse Rituale schufen ein starkes Gefühl für Gemeinschaft. Am wichtigsten waren dabei feierliche Opfer, also Geschenke für die Gottheiten. Das konnten besondere Düfte, ganze Tiere, Statuen oder sogar Tempel sein. Häufig feierten die Römer Festgelage zu Ehren einer Gottheit. Auf einem Altar wurde die Gabe an die Gottheit verbrannt. Den Rest verspeisten die Gäste. Auch für die Armen fiel dabei meist etwas ab.

Was sagen uns die Vögel?

Alle glaubten an Vogelschau und Orakel: Vor wichtigen politischen Entscheidungen beobachteten sogenannte Auguren den Flug der Vögel oder das Verhalten der Hühner beim Fressen. Daraus leiteten sie ab, ob die Götter etwa einer Wahl oder einem Krieg zustimmten.

Götter für zu Hause

Auch in den privaten Häusern gab es Altäre, Statuen und Bilder von Gottheiten. Jeder römische Mann besaß einen persönlichen Schutzgeist, *genius* genannt. Und jede römische *domus* hatte eigene Hausgötter, die Laren. Über den häuslichen Wohlstand und die Vorräte wachten die Penaten.

Was geschieht nach dem Tod?

Auch die Vorfahren wurden durch Erzählungen und Opfergaben an die Götter geehrt. Bildnisse aus Ton, Wachs oder Marmor sowie auf Holztafeln gemalte Mumienporträts hielten die Erinnerung an die Ahnen wach. Man glaubte an ein Totenreich, in dem sich die Seelen der Verstorbenen aufhielten.

Die Sage von Romulus und Remus

Die Zwillinge Romulus und Remus werden als kleine Kinder auf dem Tiber ausgesetzt. Eine Wölfin rettet und säugt sie. Als junge Männer wollen die Brüder eine eigene Stadt gründen. Aber im Streit erschlägt Romulus seinen Bruder. Auf dem Hügel Palatin erbaut er eine Stadt, die nach ihm benannt wird: Rom.

Zwei göttliche Brüder

Der Chef aller Götter und Göttinnen ist Jupiter. Er ist der Gott des Himmels und kann Blitze schleudern, wann immer er es will. Sein Bruder Neptun lebt dagegen in den Tiefen des Meeres. Hier herrscht er über alle Wesen des Wassers – von den Muscheln über die Fische bis hin zu den grässlichsten Seeungeheuern. Er kann Stürme und Wellen beeinflussen. Als freundliche Boten schickt er gerne Delfine vor.

NEPTUN
Mit seinem Dreizack hat Neptun Macht über alle Meere, Flüsse und Seen.

Voll genial!

→ ***Wie lang war das römische Straßennetz?***
Insgesamt über 400 000 Kilometer! Gut 80 000 Kilometer davon waren gepflastert.

→ ***Warum waren die Straßen gepflastert?***
Schnelles Vorankommen war wichtig, um das riesige Reich zu versorgen und zu verteidigen. Und das ging viel besser über Straßen aus Stein.

→ ***Gab es schon Zebrastreifen?***
Nicht ganz! Es gab Trittsteine, um überflutete oder verschlammte Straßen zu überqueren. Davon sind 113 in Pompeji erhalten.

Römische Erfindungen

Ob Beton oder Buch, öffentliche Toiletten oder Wellnessbäder: Was haben die Römer eigentlich nicht erfunden?

PANTHEON
Bis heute ist die Betonkuppel des Pantheon in Rom eine der größten der Welt.

Heizung und Fenster

Die meisten Römer konnten sich nur am offenen Feuer wärmen. Aber in den Häusern der Reichen gab es Heizungen. Diese funktionierten wie in den Thermen: Durch ein Holzfeuer entstand warme Luft. Diese wurde durch hohle Ziegel im Fußboden und in den Wänden geleitet und erwärmte die Räume. Wie angenehm! Und dank der Erfindung der Glasfenster blieb die Wärme dann auch im Haus.

Feines Geschirr

Die Römer konnten schon günstige Trinkgläser herstellen. Außerdem gab es Geschirr aus rotem Ton, das in großen Mengen gefertigt wurde. Fast wie in einer Fabrik konnten aus einer Gussform Hunderte Gefäße hergestellt werden. Die Teller und Schüsseln waren überall gefragt.

Sprache und Bücher

In Rom wurde Latein gesprochen. Sprachen wie Italienisch, Spanisch und Französisch sind daraus entstanden. Wusstest du, dass die Römer sogar den Vorläufer des heutigen Buches erfunden haben? Man nannte ihn *codex*. Anders als heutige Bücher bestand er aus zusammengebundenen Holztäfelchen und nicht aus Papierseiten.

Baustoff der Zukunft: Beton

Um 200 vor Christus entwickelten die Römer einen neuen Baustoff, der die Welt veränderte: das *opus caementicium*, auch römischer Beton genannt. Sie vermengten Sand, Vulkanasche, Vulkangestein, Wasser und Kalkklümpchen. Dieses Gemisch gossen sie in einen Hohlraum zwischen zwei Brettern und ließen es aushärten. Ihre Betonbauten sind so stabil, dass sie scheinbar für die Ewigkeit gemacht wurden!

Alles nur geklaut?

Wo auch immer sie hinkamen: Römische Eroberer machten nicht einfach alles platt, sondern ließen sich inspirieren. Sie griffen auf, was ihnen gefiel, und entwickelten es weiter. Diese Offenheit war Teil des römischen Erfolgs. Sie übernahmen griechische Bauformen von Tempeln und Stadien, Skulpturen und Gottheiten. Die griechische Schrift vereinfachten sie. Aus Ägypten brachten sie Obelisken und die Sonnenuhr mit.

Rom im Kampf

Das machte Rom unschlagbar!

Mutig, ausdauernd und hart im Nehmen waren die römischen Soldaten, die Legionäre. Hinzu kam ihre gute Ausbildung: Sie hielten sich fit und trainierten täglich mit den Waffen. Auch ihre Ausrüstung war äußerst durchdacht.

Wo kamen die Soldaten her?

Anfangs gab es keine Berufssoldaten. Das römische Heer bestand aus Bürgern, die selbst für ihre Ausrüstung sorgen mussten. Weil Rom aber ständig Kriege führte und immer größer wurde, brauchte es bald eine dauerhafte und zuverlässige Armee. So stellte Kaiser Augustus ein Berufsheer auf. Die Legionäre bekamen Kleidung, Waffen, ein Gehalt und das Bürgerrecht. Sie dienten meist 25 Jahre lang und erhielten dann eine Art Rente.

Was hatten Legionäre alles dabei?

Je nach Kampf kamen unterschiedliche Waffen zum Einsatz. Neben dem Schwert wurden manchmal auch leichtere Lanzen, schwere Wurfspeere oder Pfeil und Bogen eingesetzt. Legionäre hatten auf dem Marsch auch Werkzeug und Proviant dabei. Ihr Marschgepäck wog 57 Kilogramm – ungefähr zehnmal so viel wie deine Schultasche! Selbst im Kampf hatte ein römischer Legionär noch etwa 36 Kilogramm zu schleppen.

MUSKELPANZER
Er wurde von hohen Offizieren und dem Kaiser getragen.

Schön laut!
Der Hornbläser übersetzte die Befehle des Zenturio in Töne. So wusste jeder Legionär in der Schlacht, was zu tun war.

IMMER IN DER REIHE BLEIBEN!
Beim Römerfest im Archäologischen Park Xanten marschieren die Legionäre in die Arena ein.

Sag mal ...

Lasse, 9 Jahre

»Was hatten die Legionäre an den Füßen?«

»Einfache Riemensandalen mit genagelten Sohlen. Später gab es auch Stiefel.«

Standartenträger
Jede Legion führte als Erkennungszeichen eine Standarte oder eine Fahne mit sich. Der Standartenträger schmückte sich oft mit einem Tierfell.

Gut geschützt
Die Soldaten trugen einen Helm mit Stirnschutz, Wangenklappen und Nackenschutz.

Ich bin der Chef!
Der Zenturio war mit seinem quer sitzenden Helmschmuck gut zu erkennen.

Legionäre
Ihr Schutz war ein kleiner ovaler oder runder Schild oder ein gebogener, rechteckiger Schild. Er war so groß, dass er fast den ganzen Körper abschirmte.

Perfekt organisiert

Das römische Heer

In seiner Blütezeit verfügte Rom über 28 Legionen und Hilfstruppen, die im ganzen Reich stationiert waren. Damit bestand das römische Heer aus über 250 000 Mann!

Wer gehörte zur Legion?

Neben den vielen Legionären und Befehlshabern auch Reiter, Hornbläser und Standartenträger. Es gab auch Spezialisten für Katapulte und Vermessungstechniker. Begleitet wurde die Legion von über 4 500 Pferden, Maultieren und Ochsen. Um den Transport und Aufbau der Zelte kümmerten sich knapp 2 000 Knechte.

Was war eine Hilfstruppe?

Hilfssoldaten stammten oft aus unterworfenen Gebieten. Sie waren leichter ausgerüstet als die Legionäre. Unter ihnen waren gute Reiter, Steinschleuderer und Bogenschützen. Nach ihrer Dienstzeit konnten die Hilfssoldaten das römische Bürgerrecht erhalten.

DIE BEFEHLSKETTE

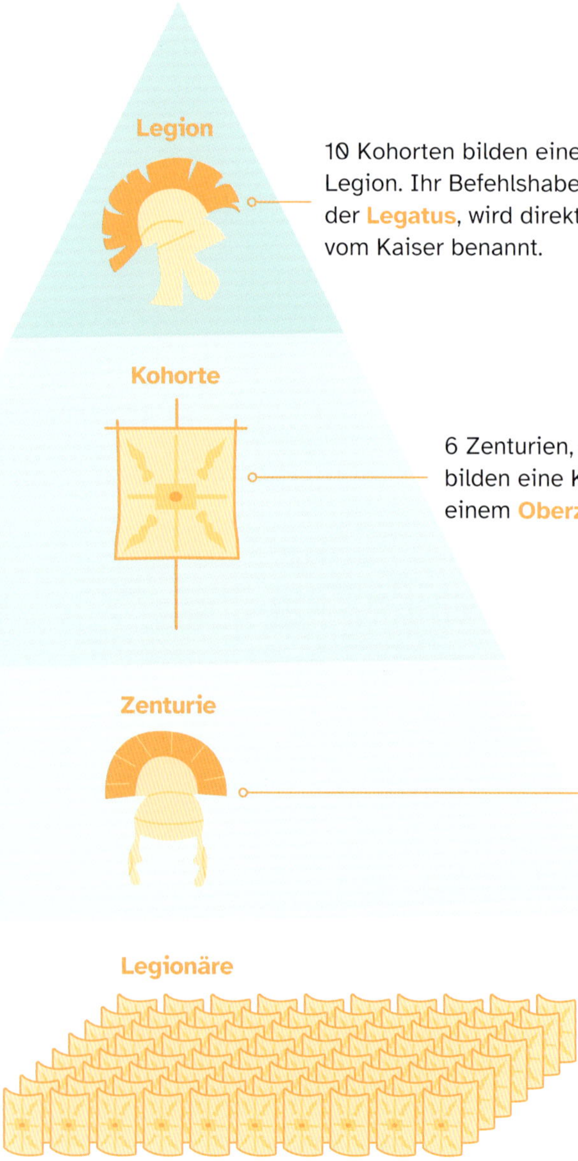

10 Kohorten bilden eine Legion. Ihr Befehlshaber, der **Legatus**, wird direkt vom Kaiser benannt.

6 Zenturien, also 480 Legionäre, bilden eine Kohorte. Sie wird von einem **Oberzenturio** kommandiert.

80 Legionäre bilden eine Zenturie. Ihr Kommandant ist der **Zenturio**.

Die einfachen Fußsoldaten heißen **Legionäre**.

Was ist eine Phalanx?

Das römische Heer beherrschte mehrere Aufstellungen und Manöver in der Schlacht, die es auf Zuruf schnell einnehmen konnte. Eine davon war die von den Griechen übernommene Phalanx: die Aufstellung in mehreren geschlossenen Linien hintereinander. Da die Phalanx recht unbeweglich war, führten die Römer immer wieder Verbesserungen ein.

AHA

Im Zeichen der Schildkröte

Eine besondere Taktik zum gegenseitigen Schutz im Kampf war die *testudo* (Schildkröte): Dabei schoben die Legionäre ihre Schilde oben, vor und neben sich zusammen wie einen Schildkrötenpanzer.

FÜR PROFIS
Nur erfahrene Soldaten konnten die Schildkrötenformation schnell bilden und wieder auflösen.

Zwei Welten

Römer und Germanen

An den Germanen bissen sich die erfolgsverwöhnten Römer die Zähne aus: Das Gebiet zwischen Rhein und Elbe konnten sie nicht erobern. So blieb es bei der Gründung von Kastellen und Siedlungen, die bis heute viel von ihrer faszinierenden Kultur bewahren.

KASTELL SAALBURG
Hier waren etwa 600 römische Soldaten untergebracht, um einen Abschnitt des Limes zu bewachen.

Römisches Leben in Germanien

Kaiser Augustus wollte ganz Germanien unter Kontrolle bringen. Aber im Jahr 9 nach Christus erfuhren seine Truppen eine der schlimmsten Niederlagen der römischen Geschichte. In der Varusschlacht im Teutoburger Wald besiegten Arminius und seine Leute 20 000 römische Legionäre des Heerführers Varus. Ein wahrer Schock!

Von wegen provinziell!

In der Folge richteten die Römer die germanischen Provinzen ein: Obergermanien mit der Hauptstadt Mainz, Untergermanien mit der Hauptstadt Köln und Raetia mit den Zentren Kempten und Augsburg. Nun lebten Provinzgermanen in römisch geprägten Städten und freie Germanen jenseits von Rhein und Donau. Im Jahr 212 nach Christus erhielten auch die Provinzgermanen das römische Bürgerrecht.

Was ist der Limes?

Zur Sicherung der germanischen Provinzen errichteten die Römer eine lange Grenzmauer aus Stein, den Limes. Er wurde durch 900 Wachtürme und 120 Kastelle kontrolliert. Hier lebten etwa 40 000 Soldaten. Der Limes hatte viele Tore, war also keine undurchdringliche Grenze.

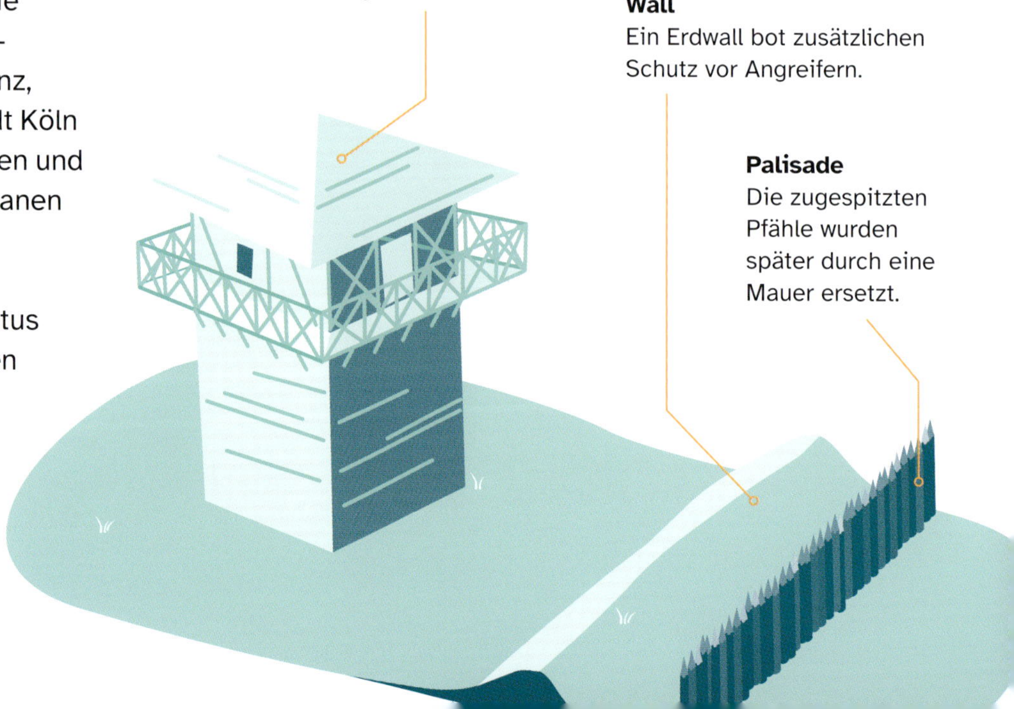

Wachturm
Von den Wachtürmen aus kontrollierten Soldaten die römisch-germanische Grenze.

Wall
Ein Erdwall bot zusätzlichen Schutz vor Angreifern.

Palisade
Die zugespitzten Pfähle wurden später durch eine Mauer ersetzt.

Leben im Kastell

Etwa 500 bis 1000 Fußsoldaten oder Reiter wohnten in einem Limes-Kastell. Die meisten von ihnen waren keine Römer, sondern kamen aus besiegten oder verbündeten Stämmen. Durch benachbarte Landgüter und Kastelldörfer wurden sie mit Essen, Trinken und allem Notwendigen versorgt. Hier lebten Handwerker und Kaufleute, es gab Bäder, Theater und Wirtshäuser. Die Legionäre hielten sich durch tägliche Übungen fit und taten Dienst auf den Wachtürmen.

Rom vor deiner Haustür!

An vielen Orten in Deutschland, Österreich und der Schweiz kannst du heute noch Spuren aus dem alten Rom finden. In Trier gab es vier römische Stadttore. Eines davon ist erhalten geblieben und nicht nur in seiner Größe beeindruckend.

PORTA NIGRA
Wenn man vor oder in dem berühmten römischen Stadttor in Trier steht, fühlt man sich ganz klein.

Schon immer
Römer-Fan

Kein Wunder, dass Nina Archäologin geworden ist! Ihre Heimatstadt Rottweil ist eine alte Römerstadt. Hier sind viele Funde erhalten geblieben. Wie zum Beispiel dieses berühmte Mosaik aus einer römischen Villa. Es zeigt den Sänger Orpheus mit seinem Musikinstrument.

Im Gespräch mit …

Dr. Nina Willburger, Museumsleiterin in Konstanz
Das Leben der Menschen früher hat Nina schon immer begeistert, vor allem die alten Griechen und die alten Römer. Sie studierte Archäologie, war bei Ausgrabungen dabei und hat in großen Museen gearbeitet.

WARUM SIND DIE RÖMER FÜR DICH SO SPANNEND?

Ich komme aus Rottweil, einer ehemaligen römischen Stadt. Als meine Eltern ein Haus bauten, kamen viele römische Funde zutage. Ich schaute bei den archäologischen Grabungen zu und war begeistert.

WAS IST IN DEUTSCHLAND VON DEN RÖMERN GEBLIEBEN?

Vieles! Etwa das lateinische Alphabet. Wir haben zahlreiche lateinische Begriffe übernommen: So kommt Fenster von *fenestra*. Und unsere Rechtsprechung beruht auf dem Römischen Recht.

GIBT ES BEI DEN RÖMERN ÜBERHAUPT NOCH ETWAS ZU ERFORSCHEN?

Aber ja! Es ist längst noch nicht alles ausgegraben, und es lagern noch viele Funde in den Museen, die noch nicht ausreichend erforscht sind.

WAS WAR DEINE SPANNENDSTE AUSGRABUNG?

Die war in Ägypten. In Tell Atrib/Benha im Nildelta wurde eine Stadt aus griechisch-römischer Zeit ausgegraben, unter anderem ein großes Handwerksviertel.

Wasser marsch!

→ ***Genug Wasser für alle***
Zur Kaiserzeit erhielt Rom aus 14 Aquädukten täglich 1 Milliarde Liter Wasser.

→ ***Jeder Zentimeter zählt***
Mit einem *chorobat* wurden Höhenunterschiede gemessen. T-Hölzer halfen bei der Markierung der Strecke. Auf Schreibtafeln wurden alle Zahlen genau notiert.

→ ***Warum gab es die vielen Bögen?***
Bogenbrücken sparten Material und sind stabil. Wenn man mehrere Bogenreihen übereinandersetzte, konnte man Brücken bis zu 50 Metern Höhe bauen.

→ ***Wo ist der beste Weg?***
Berge wurden möglichst umgangen – notfalls aber mit einem Tunnel durchstoßen.

WASSER FÜR DIE STADT
In Segovia in Spanien kannst du das römische Aquädukt auch heute noch bestaunen.

Roms Aquädukte

MUND AUF!
In Brunnen kam das Wasser an. Manche erhielten später spuckende Steinmasken.

»Sie haben den Erdkreis vermessen, tollkühne Brücken gebaut, Straßentunnel angelegt und in entlegenen Gegenden Poststationen errichtet.« – So staunte ein griechischer Gelehrter über die römischen Architekten und Ingenieure. Mindestens ebenso beeindruckend sind bis heute ihre Aquädukte!

Was Rom groß machte

Eine Stadt ohne Wasser versinkt im Dreck, Krankheiten breiten sich aus und die Menschen verdursten. Es war also lebenswichtig für das ständig wachsende Rom, genügend Wasser zu haben. Weil es in der Nähe nicht genug Wasser gab, entstand um 300 vor Christus die erste römische Fernwasserleitung. Ihr folgten 13 weitere. Der Name Aquädukt kommt von den lateinischen Wörtern *aqua* = Wasser und *ductus* = Leitung.

Über Berg und Tal

Die Aquädukte verlaufen über Ebenen und Sümpfe, Berge, Täler und durch Wälder. Und das bis zu 91 Kilometer weit! Sie müssen immer leicht abwärts führen, sonst fließt das Wasser nicht! An keiner Stelle darf das Gelände also höher sein als die Quelle. Das Wasser wird möglichst unterirdisch geleitet oder durch abgedeckte Kanäle.

Bauanleitung für ein Aquädukt

1. Saubere und ergiebige Quelle, Fluss oder See finden
2. Start- und Endpunkt der Leitung festlegen
3. Günstigen Verlauf planen – und das Gefälle genau berechnen
4. Pfähle zum Markieren stecken
5. In Ebenen und Tälern: Bögen und Brücken für die Leitungen errichten
6. Endpunkt: ein hoch gelegenes Verteilerbecken, genannt *castellum*, Wasserschloss

Ab ins Wasser!

Badespaß in den Thermen

Die römischen Thermen waren richtige Wohlfühl-Oasen. Hier gab es Becken mit warmem und Becken mit kaltem Wasser, Dampfbäder, Saunen, Massageräume, Sporthallen und Restaurants. Die Badeanstalten standen allen Menschen offen: Männern, Frauen und Kindern, Armen und Reichen. Der Eintritt war sehr günstig oder sogar frei.

Wie sah es in den Thermen aus?

Wie Paläste waren die Thermen ausgestattet: mit hohen Kuppeln, Glasfenstern, farbigen Wänden, Marmorplatten und Mosaikfußböden. Hierher kam man nicht nur, um sich zu reinigen und zu entspannen, sondern auch, um sich mit anderen Menschen zu unterhalten. Politiker und Kaufleute trafen sich für Besprechungen in den Thermen. Schwimmbäder waren die Thermen übrigens nicht. Nur wenige Menschen konnten überhaupt schwimmen.

Was kam in die Badetasche?

Eingepackt wurden Leinentücher zum Abtrocknen und ein Kamm. Hinzu kamen Fläschchen mit duftendem Öl zum Einreiben. Nicht fehlen durfte auch ein seltsam gebogener Schaber, *strigilis* genannt. Mit ihm konnte man den Schmutz mitsamt dem Öl wieder von der Haut abstreifen, um sich zu reinigen. In den Thermen trug man leichte Badehemden. Vielleicht zogen manche Thermenbesucher aber auch eine Art Badehose an.

So wird's warm!

1. Der Fußboden steht auf Ziegelpfeilern, zwischen denen Hohlräume entstehen. Auch die Wände bestehen aus hohlen Tonziegeln.
2. In einer Feuerstelle wird Holz verbrannt. Durch das Feuer entsteht Wärme.
3. Die heiße Luft strömt durch den Boden und die Wände der Räume. Der Boden wird oft sogar unangenehm heiß.

Die Baderegeln:

1 *Frauen oder Männer*
Männer und Frauen baden nicht zusammen, sondern entweder zu unterschiedlichen Zeiten oder in getrennten Räumen.

2 *Eintritt*
Der Eintritt wird am Eingang bezahlt. Frauen zahlen das Doppelte, Kinder baden kostenlos.

3 *Ohne Kleidung*
Die Kleidung bitte in der Garderobe ausziehen. Auf die Kleider passen Bedienstete auf.

4 *Von kalt nach warm*
Erst ins kalte Wasser, dann ins warme – und am Ende ins Schwitzbad! Danach wieder schrittweise abkühlen.

MOLLIG WARM
Das Wasser in den heißen Becken hatte eine Temperatur von 30 bis 40 Grad Celsius. Also etwa so wie dein Badewasser!

Immer im Trend

Römische Mode von Kopf bis Fuß

Gut aussehen und anderen zeigen, dass man Geschmack und Geld hatte, das war den Römerinnen und Römern wichtig. Aber es sollte auch bequem sein.

SIEGELRING
Beliebter Schmuck bei Männern war ein Ring mit einem Siegel. Man konnte es als Stempel benutzen. Praktisch!

Welchen Schmuck gab es?

Römerinnen trugen gerne Ketten, Ringe, Armreifen, Ohrringe und Haarnadeln aus Gold, Silber, Edelsteinen, Bronze oder Glas. Sogar Spiegel gab es bereits: Sie bestanden aus poliertem Metall oder später aus Glas. Parfüm aus kostbaren Ölen schätzten die reichen Römerinnen sehr. Die süßen Düfte waren richtig teuer.

Welche Frisuren waren angesagt?

Lange wurden die Haare der Frauen einfach hochgebunden. Später kamen dann Hochsteck- und Lockenfrisuren in Mode. Es gab auch Perücken. Sogar Lockenstäbe benutzten die Römerinnen: Das Brenneisen war ein hohler Eisenstab, der im Feuer aber schnell zu heiß werden konnte. Es kamen auch blonde und rötliche Haare in Mode, gefärbt mit Mineralien, Holzasche, Ziegenfett oder Tier-Urin. Und modebewusste Römer trugen mal lange Bärte und mal Stoppelbart. Je nachdem, was der Kaiser gerade schick fand. Der war nämlich Vorbild.

FARBENFROH
Vornehme Frauen konnten sich Gewänder aus kostbaren Stoffen in kräftigen Farben leisten.

Für jedes Wetter das Richtige

Im Sommer trugen die Römerinnen und Römer natürlich Sandalen aus Leder. Sie hatten aber auch geschlossene Schuhe. Einen Regenmantel gab es auch. Dieser Überwurf mit Kapuze bestand aus grobem Wollstoff. Und untendrunter? Hatten die Römer auch Unterwäsche? Wohl nicht immer. Aber für Frauen gab es Brustbinden und für Männer wie Frauen eine Art Lendenschurz.

Wer trug welche Kleidung?

1 *Tunika für alle*

Die Tunika war das wichtigste Kleidungsstück. Bei den Männern reichte sie bis zum Knie, bei den Frauen bis zum Fußknöchel. Frauen trugen über der Tunika ein langes Gewand. Ihre Schultern und meist auch den Kopf bedeckten sie mit einem großen Schal.

2 *Umständliche Toga*

Nur Männer mit Bürgerrecht durften die Toga tragen. Das 5 Meter lange Wolltuch wurde kunstvoll um den Körper geschlungen. Vielen Römern war das Gewurstel mit der Toga allerdings zu nervig. Sie zogen lieber mehrere Tuniken übereinander oder legten einen Umhang um.

»... andere meinten, ... der Welt sei eine ewige neue Finsternis angebrochen«

Plinius der Jüngere

RÄTSEL POMPEJI
Etwa ein Drittel der Wohnstadt liegt bis heute unter der Erde.

Unter Asche konserviert

Der Vulkanausbruch war ein tragisches Ereignis! Aber aus ihm ist auch ein großer Schatz entstanden. Denn nirgendwo sonst ist die Antike so lebendig erhalten geblieben wie in Pompeji. Bis heute gibt es hier Straßen und Plätze, Brunnen, Häuser, Läden, Tempel und Theater zu sehen.

Feuer über Pompeji

Als der Vulkan ausbrach

Plötzlich wird es dunkel. Die Erde bebt. Schreiend vor Angst versuchen die Menschen aus der Stadt zu fliehen, was den meisten zum Glück auch gelingt. Dennoch: Beim Ausbruch des Vulkans Vesuv im Jahr 79 nach Christus wird die ganze Stadt Pompeji unter einer dicken Schicht aus Asche und Bimsstein begraben.

VERKOHLTES BROT
Dank Pompeji wissen wir genau, wie römisches Brot aussah.

Was passierte in Pompeji?

Zuerst explodierte wohl die Kuppe des Berges Vesuv. Aus dem Erdinneren schoss feuriges Magma empor. Es sprengte Gestein und Erde, und am Himmel bildete sich eine riesige Wolke aus Asche, Magma und Steinen, unglaubliche 32 Kilometer hoch! Danach prasselten Steinbrocken nieder, und zwar 18 Stunden lang. Nun bedeckte eine über 2,5 Meter hohe Steinschicht den Boden. Aber es kam noch schlimmer! Denn die Megawolke aus Lava und Asche stürzte zusammen und löste enorme Druckwellen aus. Die bisher Überlebenden starben im heißen Aschestaub.

Der Augenzeuge

Zwei Tage lang war der Himmel dunkel, Augenzeugen glaubten, es würde nie wieder hell werden. Danach gab es 15 Kilometer rings um den Vesuv nur noch graue, rauchende Wüste. Das alles wissen wir aus der modernen Forschung und aus zwei Briefen, die Plinius der Jüngere geschrieben hat. Er war beim Ausbruch des Vesuvs dabei und überlebte nur, weil er weit genug entfernt war.

IMBISSLADEN
Sogar Kochtöpfe auf dem Herd, Fast-food-Lokale mit Essen, Geld in der Kasse und Nachttöpfe unter Betten sind erhalten geblieben.

Wer hat dieses Buch geschrieben?

UNSERE AUTORIN
Ihre Leidenschaft ist es, spannende Erzählungen und staunenswerte Fakten über Geschichte zu präsentieren.

Im Gespräch mit …

Dr. Andrea Schaller, Autorin und Lektorin
Sie studierte Kunstgeschichte, Geschichte und Germanistik und war in Museen, im Verlag und als Deutschlehrerin in Verona tätig.

WARUM GERADE GESCHICHTE?

Geschichte fasziniert mich, weil es hier um das Leben der Menschen früherer Zeiten geht: Was haben sie gedacht und gefühlt, womit haben sie sich beschäftigt? Was waren ihre Sorgen und Ängste, worüber konnten sie lachen?

WAS FASZINIERT DICH AN DEN ALTEN RÖMERN?

Alles! Aber besonders staunenswert am alten Rom sind für mich die Gebäude und Straßen: Wer hat sie geplant und wie? Woraus bestehen sie, welche Technik wurde bei ihrem Bau angewendet? Wer hat sie betreten und wer nicht? Was fand in oder auf ihnen statt?

HAST DU EINE LIEBLINGS-ERFINDUNG AUS DER ZEIT DER ALTEN RÖMER?

Es ist immer wieder unglaublich, was die alten Römer alles erfunden haben! Meine persönliche Lieblingserfindung ist auf jeden Fall das Buch.

Bildquellennachweis:
AdobeStock: 6om (Wölfin: Profotokris), 14 (AlexAnton), 25o (Bernard GIRARDIN), 35ur (Massimo Pizzotti), 43Hg. (Anthony Brown); **akg-images:** 9u (Sol 90 / Album); **Faber Courtial:** 2-3, 12-13; **Getty Images:** Inh.-Verz.ul (Peter Zelei Images), 7ol (Statue: Grant Faint), 10-11 (Peter Zelei Images), 22-23 (Norbert Achtelik), 46 (Buena Vista Images); **LVR-Archäologische Park Xanten:** 32-33ur (Axel Thünker); **mauritius images:** 45or (Azoor Photo Collection / Alamy Stock Photos); **picture alliance:** 6ur (Büste: Donatella Giagnori / Eidon / dpa), 7mr (Rossi / Bildagentur Online), 15or (CPA Media Co. Ltd (Gemälde Abraham Janssens van Nuyssen)), 17or (Moritz Thibaud/ABACA), 40 (Amazing Aerial Agency | AirPano LLC), 42ml (Weingartner), 47ur (dpa/Archäologiepark Pompeji); **Schaller, Andrea:** 48ul; **Schreiner, Manuela:** 39or; **Shutterstock:** Inh.-Verz. om (WH_Pics), Inh.-Verz.r (Karl Allen Lugmayer), 4mr (1051848929), 4um (Kraft74), 4-5om (Vlas Telino studio), 6ul (Rainer Lesniewski), 6ml (GoodStudio), 6mr (Francisco Javier Diaz), 15ul (Csaba Peterdi), 18-19m (Javier Jaime), 19ur (mountainpix), 24ur (WH_Pics), 25ur (Vitalii Gaidukov), 25um (Nanashiro), 25ul (woverwolf), 26 (Begir), 28l (GoodStudio), 29ol (iofoto), 29ur (eurobanks), 30 (Francesca Taylor), 31or (Shawn Eastman Photography), 32or (Kissofdeath), 36-37om (f4 Luftbilder), 37r (Piith Hant), 41or (javarman), 44ul (Giorgio G), 44or (filippo giuliani), 45ul (mentalmind), 47ml (leszczem), 48 (Mikolaj Niemczewski); **Stadt Rottweil:** 38-39; **Wikipedia:** 20Hg. (CC BY-SA 2.5 / AlMare), 20om (CC BY 3.0 / Dickson Herdemerten)

Vorsatz: Shutterstock: (Elena Odareeva)

Umschlagfotos: AdobeStock: U1 (ZoomTeam), U4 (Massimo Pizzotti)

Gestaltung: Tessloff Verlag
Lektorat: Carolin Langbein, Anja Starigk
Grafik: Ruth Koch
Bildredaktion: Michaela Koch, Die Bildbeschaffer GmbH
Drucker: Livonia Print

www.tessloff.com

ISBN 978-3-7886-7712-1

✓ **Hab ich schon.** ✗ **Brauch ich noch!**